AVERTISSEMENT.

Ce traité du Maintien du corps n'étoit pas fait originairement pour être imprimé ; mais je l'avois composé pour répondre aux empreſſemens d'un jeune Gentilhomme à qui je l'enſeignois en même-tems que la Danſe, & qui déſiroit paſſionnément d'avoir par écrit les principes de cet exercice, que la pratique lui apprenoit, & qu'il exécutoit avec autant de grace que de préciſion ; je n'aurois pas même oſé lui faire voir le jour, ſans les inſtances réitérées de perſonnes de diſtinction auxquelles je l'ai communiqué, qui m'ont aſſuré qu'il pourroit être utile, non - ſeulement à a jeuneſſe, mais même aux perſonnes plus avancées en âge, que différens obſtacles auroient pû

A

empêcher de s'inftruire dans les tems, & que cette utilité feroit inféparablement jointe aux agrémens qu'un beau maintien donne aux perfonnes de tout état & de toute condition. Me rendre utile & agréable eft mon but ; fi je ne peux réunir ces deux avantages, le premier me fatisfera toujours beaucoup, parce qu'il me donnera lieu de prouver, d'une maniere inconteftable, mon zele & mon application à remplir les fonctions de mon état.

Les perfonnes de province qui manquent des fecours qui fe préfentent avec tant d'abondance à Paris, jugeront avec raifon de la néceffité qu'il y a de leur procurer, à peu de frais, un traité du Maintien du corps qu'exige la décence, pour feconder les louables intentions qu'elles ont de donner à leurs enfans toute l'éducation que le tems & les lieux

TRAITÉ

DU MAINTIEN DU CORPS;

Et de la maniére de se présenter avec grace, pour l'instruction de la Jeunesse.

Par le Sr. Chevalier de LONDEAU, Maître de Danse.

A PARIS,

Chez LESCLAPART, Libraire, Quai de Gévre.

M. DCC. LX.

Avec Approbation & Privilége du Roi.

On ne délivrera point d'E-
xemplaires, qui ne soient signés
de l'Auteur.

leur permettent, & dont ce traité
fait une partie aussi agréable que
nécessaire.

Quoique plusieurs préceptes
contenus dans cet ouvrage regardent également les jeunes personnes de l'un & de l'autre sexe, il en est beaucoup cependant
qui conviennent à un sexe &
non pas à l'autre ; on a cru nécessaire par cette raison, & pour
une plus grande précision, de le
diviser en deux parties : la premiere traitera de ce qui concerne
particulierement les Messieurs &
la seconde de ce qui convient
spécialement aux Demoiselles.

AVANT-PROPOS.

De toutes les Nations de l'Europe, la Françoise est sans diffi-
culté celle qui s'est le plus appli-
quée à témoigner par ses gestes,
interprètes de son cœur, de l'hu-
manité pour toutes les autres Nations, de la tendresse pour ses amis,
de la docilité, de l'amour & du
respect pour son Souverain. Le Fran-
çais naît avec des graces qui le font
bien venir par tout, lorsqu'il ne s'est
pas laissé corrompre par de faux
prejuges, & que l'éducation a tour-
né, en bien, les avantages que sa
naissance lui procure. Je laisse à la
morale à diriger les heureuses dis-
positions du cœur d'un François, &
les faire tendre & parvenir à sa
gloire. Je ne prétends ici que lui
donner des principes qui dirigent
son extérieur, en lui faisant pren-

dre avec grace les attitudes convenables aux differentes occurrences, & qui peuvent avoir lieu chez toutes les Nations policées de l'Europe, dans la societé des hommes où il peut se trouver.

C'est pour vous, aimable Jeunesse Françoise, que j'ai tracé des principes de Maintien du corps & d'attitudes qui vous seront faciles à executer, puisque vous y etes disposée par cette Nature, qu'il est neanmoins necessaire d'aider d'un art qui vous indique de faire avec grace ce qu'elle vous suggere. La bonté, l'affabilité pour ses inférieurs, les egards, la familiarité, la tendresse pour ses amis & ses égaux; le respect pour ses supérieurs, le zele, la parfaite obeïssance & la soumission entiere pour son Prince, vous sont naturelles; ce sont des facultés de votre ame, qui peuvent être exprimées extérieurement par les principes que

A iij

j'entreprends de vous enseigner. J'ai pour objet de vous démontrer la manière de vous présenter & de vous comporter avec grace dans les promenades, les assemblées, chez vos égaux, vos amis, vos supérieurs, chez les Princes & dans les Eglises même, où votre esprit & votre corps doivent concourir au même point de respect & de vénération.

TRAITÉ

DU MAINTIEN

DU CORPS,

ET de la maniére de se présenter avec grace, pour l'instruction de la Jeunesse.

PREMIERE PARTIE.

CHAPITRE PREMIER.

Des mauvaises habitudes du corps que l'art peut corriger.

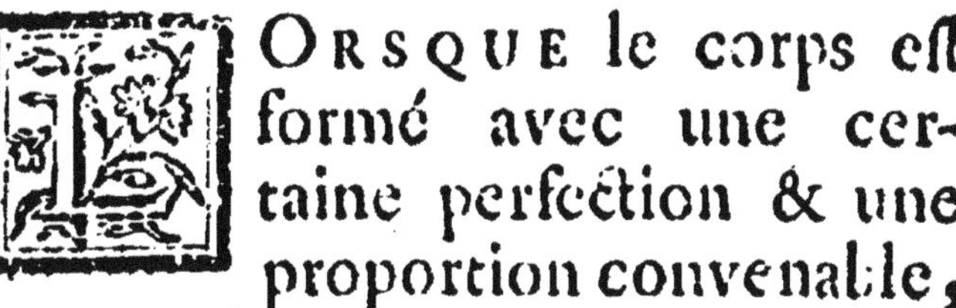

LORSQUE le corps est formé avec une certaine perfection & une proportion convenable, & que ses ressorts tendineux &

nerveux ne jouent pas avec grace , par les mauvaifes habitudes
que le défaut d'éducation laiffe
contracter, ce n'eft pas un mal
fans reméde : on voit tous les jours
des jeunes gens bien tournés qui
fe préfentent mal & d'une façon
gênée ; mais qui fe trouvants une
fois éclairés par les lumieres de
la raifon , s'éxaminants eux-mê-
mes & aidants leur nature des
préceptes de l'art , font en peu
de tems tous autres. Les uns
portent la tête baiffée ou trop
haute, ou panchée fur l'épaule
droite ou fur la gauche ; les autres tiennent leur tête entaffée
dans les épaules, d'autres ont le
corps ou courbé ou panché , &
ne favent pour ainfi dire que faire
de leurs bras ; d'autres enfin font
des pas ou trop grands ou trop
petits, portent mal la pointe du
pied, tendent trop le jaret ou le
fléchiffent-trop en marchant ; un

jeune homme qui a ces défauts peut parvenir à les corriger, en se formant par parties, suivant les préceptes que je vais lui démontrer dans les Chapitres suivans.

CHAPITRE DEUXIÉME.

De la maniere de tenir la tête.

JE commence par la partie la plus essentielle qui est la tête ; il faut la contenir en tout tems sans roideur, ne pas la laisser aller en pagode, ne l'avoir ni trop élevée, ni trop baissée ; enfin la tenir droite & en équilibre sur le corps, la tourner à droite ou à gauche, l'élever, la baisser suivant l'exigence des cas, sans incliner, ni tourner les épaules, ni le corps en même tems, ne la point agiter, ni lui donner des

mouvemens en parlant, & si quel-
quefois on l'incline à deux petites
reprises pour exprimer un *Oui*,
ou qu'on la secoue un peu pour
exprimer un *Non*, il faut que ces
mouvemens soient bien modérés,
& ne peuvent absolument avoir
lieu que lorsqu'on ne peut pas
parler pour articuler le *Oui* ou le
Non : on doit s'abstenir de tous
les autres mouvemens , parce
qu'ils sont ou de mauvaise grace
ou indécens lorsqu'on parle.

CHAPIRE TROISIÉME.

De la façon de regarder.

LES yeux sont toujours le mi-
roir de l'ame, & elle ne peut-
être agitée d'aucune passion, sans
en laisser entrevoir quelque chose
dans le regard, & lorsqu'on y fait
une sérieuse attention, on ne s'y

trompe jamais; ainſi la diſpoſition de l'œil ſuit aſſez ordinairement le mouvement de l'ame; mais il eſt des inſtans où quoique l'ame ſoit fort tranquille, & n'ait aucun ſujet d'émotion, le regard néanmoins ſemble annoncer quelque choſe de diſgracieux, & ce ſont ces coups d'œil déplacés que je deſire de rectifier.

Le regard fixe, agité; le regard farouche & menaçant; le regard doux, riant & le regard tranquille ſont les coups d'œil les plus généraux.

On ne doit regarder fixement que les objets inanimés, dont on veut diſtinguer toutes les parties. Il ne convient jamais de regarder une perſonne fixement, parce qu'elle pourroit s'en offenſer. Le regard agité ſuit ordinairement ou annonce la douleur, l'embarras, l'inquiétude; autrement il ne doit être mis en uſage, parce

que ce feroit regarder comme les
finges. Le regard farouche & menaçant ne convient en aucune façon dans la fociété, il annonce
un foldat effréné qui va fe porter
à des excès de furie & de barba-
rie. Le regard doux & riant convient entre amis & égaux. Le regard tranquille doit être mis en
ufage dans les affaires férieufes;
ainfi vous regarderez fixement
lorfque vous ferez appliqué à
quelqu'ouvrage ; d'un œil doux
& riant vis-à-vis de vos amis;
tranquillement en traitant d'affaires férieufes ; vous tiendrez la
vûe baiffée en préfence de vos
fuperieurs, ayant foin de la relever de tems en tems, d'un air
foumis, pour vous appercevoir
s'ils ne feroient pas quelque gef-
te, qui pourroit fignifier un ordre. Il faut éviter le regard trop
timide, il annonce de la foibleffe,
& le regard effronté marque de

l'infolence ; mais dans tous les cas, foit qu'on regarde en haut, en bas, ou horifontalement, il ne faut jamais tourner la tête , ni le corps tant que l'objet que vous regardez peut être apperçu fans ces mouvemens.

CHAPITRE QUATRIEME.

Du maintien des épaules & des bras.

Lorsqu'on tient la tête droite & que les bras font en bonne pofition, il s'enfuit néceffaire-ment que les épaules font bien maintenues. Il ne faut jamais por-ter fes deux mains à la fois fous la bafque de la vefte , cette ma-niere eft indécente ; il ne faut pas non plus les porter toutes deux enfemble fur la poitrine , cette attitude fait brider l'habit

& releve trop les épaules en arrondissant le dos. Il ne faut pas tenir les deux mains, ni même une seule derriere soi, cette maniere grossiere gêne & fait ployer le corps en marchant. Il faut éviter aussi de porter les deux poings sur les hanches, c'est une maniere théatrale & une attitude outrée; lorsque vous marcherez de quatriéme position en quatriéme position, si vous êtes homme d'épée, vous pouvez tenir alternativement votre bras droit ou votre bras gauche, perpendiculairement à côté de vous, & lui laisser faire un très-petit mouvement qui ne passe pas celui de la rotule du genouil opposé, & pendant que l'un des deux bras est dans cette position, l'autre peut être placé de façon que la main soit en dessous de la basque de la veste, ou sur la poitrine, presqu'au dessus de la ceinture.

Il faut changer ces attitudes de
tems à autre, d'une façon aisée;
mais il faut que la main gauche
soit plus rarement sur la poitrine
que la droite. Si vous ne portez
pas d'épée vous pouvez porter
une main en dessous de la basque
de la veste, & l'autre sur la poitrine & changer alternativement
cette attitude. Vous pouvez aussi
mettre tantôt un bras, tantôt
l'autre perpendiculairement à côté de vous, & faire un petit
mouvement, mais dans toutes les
attitudes il faut toujours que le
coude soit bas, afin que l'épaule
soit abbatue; il ne faut pas non
plus serrer le bras trop près du
corps, cela fait faire la pointe
aux épaules : il faut qu'il y ait
toujours entre le bras & l'épaule
une petite distance ; si vous portez un chapeau sous le bras gauche, lorsque vous voudrez changer l'attitude de ce bras qui aura

le plus ordinairement la main sur la poitrine, vous pourrez prendre votre chapeau à la main gauche ou droite, & tenir ce bras perpendiculairement à côté de vous, en faisant un petit mouvement en marchant ; vous pourez aussi porter le chapeau en devant lorsque vous vous arrêterez. Un homme d'épée doit porter rarement le chapeau sous le bras, & cette maniere qui doit son existence au ménagement des perruques & des grandes frisures, plûtôt qu'à la bonne grace, n'est point permise aux Militaires.

CHAPITRE CINQUIÉME.

De la Révérence.

POUR vous présenter dans le monde ; il faut que vous sachiés faire une révérence, qui, exécutée avec grace, peut prévenir en votre faveur; & si vous êtes admis chez les grands Seigneurs, soit pour y faire votre cour, soit pour demander quelque grace; il faut faire une révérence respectueuse qui est dûe à leur état & à leur naissance. Vous ne leur manquerez jamais, en suivant le principe que je vais vous exposer.

Il faut être planté sur les jambes & sçavoir la gamme, qu'on nomme ordinairement les Positions de la Danse. Il y a cinq positions, desquelles il ne faut jamais s'écarter.

PREMIÉRE POSITION.

Placez vos deux talons l'un contre l'autre, & ayez les genoux tendus sans roideur.

II POSITION.

Portez le pied droit ou le gauche, à distance de la longueur du pied, sur une ligne horisontale, & que vos deux talons soient toujours vis-à-vis l'un de l'autre.

III POSITION.

Portez le talon du droit ou du gauche, & emboëtez-le proche la cheville du pied.

IV POSITION.

Portez le pied dont le talon est devant vous, placez-le de façon qu'il ne soit pas croisé ni trop écarté, de sorte qu'il y ait entre lui & la ligne droite, sur laquelle on doit marcher, un peu de distance. Cette Position a lieu perpétuellement, lorfque l'on marche par principes.

V Position.

Avancez le pied droit ou le gauche, de façon que le talon de ce même pied, foit joignant de niveau à la pointe de l'autre pied. Ces cinq Pofitions font le fondement du marcher, de la Danfe & des Révérences & leur vrai principe.

Explication du marcher & des Révérences en préfence.

Il faut porter la jambe tendue; la pointe du pied baffe, placer le pied ferme en quatriéme pofition, & obferver que le corps foit toujours en équilibre fur chaque pas qu'on fait, ne point faire de grands pas, de crainte que le corps ne vacille, laiffer un demi pouce de diſtance entre les deux talons, marcher ſur une ligne droite, de pied ferme & ſans roideur ; arrêter en ralentiſſant le dernier pas & prendre la premiére Poſition, porter la vue à celui ou celle qu'on aborde ; commencer par baiſſer la tête & former un demi ovale de ſon corps, c'eſt-à-dire, du haut de la tête à la ceinture, laiſſer tomber les bras perpendiculairement, baiſſer la tête avec douceur, ne pas reſter baiſſé, parce qu'il ne doit point y avoir d'intervalle entre tous les mouvemens d'une Révérence. Il faut ſe baiſſer & ſe relever avec égalité de mouvement, cette Révérence ſuffit à un ami particulier ; mais lorſque c'eſt une perſonne au-deſſus de ſoy, par la naiſſance, l'état ou l'âge, cette même Révérence ſe double d'après cette ſimple qui vient d'être faite ; on dégage l'un de ſes pieds & on prend la ſeconde Poſition, on baiſſe la téte en arrondiſſant le corps, on gliſſe enſuite l'autre pied derriere celui-ci, & on le place en troiſiéme Poſition en ployant le genouil, & pour donner de la grace à ce mouvement, il faut relever ce genouil doucement, & lâcher tant ſoit peu la jambe en arriere. Voilà quelle doit étre la Révérence vis-à-vis de gens de conſidération.

Pour prendre congé de cette perſonne de conſidération, on eſt obligé, par reſpect, de marcher en arriere quelques pas, & faire en ſorte qu'au dernier pas, les deux talons ſoient réunis l'un auprès de l'autre, enſuite baiſſer la tête, & que l'arrondiſſement du corps ſoit toujours le demi ovale, parce que ce courbe eſt toujours le même dans toutes les Révérences, excepté celles qu'on fait aux Souverains. Il faut doubler cettte Révérence de congé, lâcher un pied en arriere du côté où se trouve la porte d'entrée, couler légérement la pointe de de l'autre pied, ce qui sinit cette Révérence de congé, y joindre une certaine délicatesse & de la grace qui s'acquierent par l'exercice. Il faut que le genouil de la jambe qui maintient l'équilibre du corps ploye, tant soit peu, lorsque le coupé se fait jusqu'à ce que la Révérence soit finie. A l'égard des yeux, il faut en commençant la Révérence, porter la vüe sur la personne à laquelle vous allés la faire, & en faire de même en vous relevant. Voilà ce qu'il faut observer lorsqu'on fait la Révérence en abordant ou en prenant congé.

Des Révérences qui se font aux grands cercles.

Si vous êtes dans l'habitude de porter un chapeau sur la tête, il ne faut pas attendre que vous soyez entré pour vous découvrir, la bienséance exige d'être découvert avant de paroître, ensuite vous avancerez quelques pas dans la piéce, cherchant des yeux la personne la plus qualifiée de la compagnie, & porterez votre dernier pas avec lenteur, en réunissant les deux talons l'un contre l'autre, vous baisserez la tête vis-à-vis de cette personne préférée, & exécuterez votre premiére Révérence. Ensuite vous ferez un ou deux pas, suivant l'étendue du lieu, en approchant dans le cercle, vous dégagerez soit à droit ou à gauche, & d'un coup d'œil passerez en revue la moitié du cercle avant de vous baiſſer ; de façon que votre vue ſoit portée à la derniere perſonne de cette partie du cercle, vous vous baiſſerez pour lors, & vous releverez en revenant ſur la même trace en tournant la tête ; il faut enſuite en faire autant de l'autre côté, ce qui devient facile après celle-ci ; puiſqu'il n'eſt queſtion que de dégager le pied oppoſé & ſe porter en face de l'autre côté du cercle, pour avoir lieu de gliſſer l'autre pied derriere en troiſiéme Poſition, en vous relevant vous lâcherez tant ſoit peu la jambe dont le talon eſt emboëté en arriere, & vous porterez en quatrième Poſition la pointe baſſe.

De la Révérence en paſſant, & de la façon de ſaluer.

La Révérence en paſſant eſt
plus

plus facile que les autres, & se
fait principalement lorsqu'on rencontre quelqu'un à la promenade ou dans la rue; si vous avez le
haut du pavé, il faut prendre le
bas, cédant le haut à celui ou
celle à qui vous devez faire la
Révérence, le prévenir d'un
coup d'œil, porter la main au
chapeau, en enveloppant le re-
troussis du chapeau avec les qua-
tre doigts, approchant le pouce
auprès du front, déployant le bras
& le tendant ensuite sans roideur; lorsque le chapeau sera hors
de dessus la tête le placer à côté
de soi, de façon que le poignet
ne soit ni sorti dehors ni rentré
en dedans, de crainte que le chapeau ne blanchisse l'habit par la
poudre qui se trouve autour de
la forme; il ne faut pas non plus
faire voir, devant ou derriere
soi, le dedans de la forme, cette
atitude marqueroit un chapeau

mal placé, il faut éviter ce ridicule : le déployement du bras qui se fait avec grace en plaçant bien le chapeau, donne un grand relief au salut, c’eſt la main qui doit toujours aller chercher le chapeau, & il ne faut jamais que la tête ſe baiſſe, ni ſe prête pour aller chercher la main. Il eſt queſtion enſuite pour la Révérence, qui eſt des plus faciles, de couler le pied du côté où les perſonnes qu’on ſalue ſe trouvent. L’atitude doit-être dans la quatriéme Poſition, que la pointe du pied ſoit baiſſée, le talon élevé & couler légérement. Si cette Révérence ſe fait ſur votre droite vous porterez la main gauche au chapeau. Si elle ſe fait ſur votre gauche, ce ſera la main droite. Vous obſerverez qu’il n’y ait aucun intervale de tems entre le placement du chapeau à côté de vous & le coulé du pied,

*De la Révérence par tiers ou quart
de tour.*

Après avoir fatisfait à une grande compagnie par les Révérences d'entrée, avant d'accepter un fiége pour vous y placer ; s'il fe trouve de vos amis, foit à droite ou à gauche de la Pofition où vous ferez, il ne s'agit que de dégager le pied droit en feconde Pofition pour vous porter à gauche, en tournant vers la perfonne, vous glifferez légérement l'autre pied, la pointe baffe, avec la même délicateffe dont vous aurez exécuté les Révérences précédentes. La même conduite doit-être obfervée pour la droite ; vous dégagerez le pied gauche en tournant vers la perfonne, vous glifferez le pied oppofé de même que dans la précédente atitude, & vous devez tourner un tiers ou un quart de tour au plus, tant à droite qu'à gauche.

CHAPITRE SIXIÉME.

Maniere de se comporter à la promenade.

Sɪ vous êtes à la promenade avec des Dames, vous devez toujours être sur vos gardes pour qu'il ne vous échappe aucun geste déplacé ou de mauvaise grace, & y avoir un maintien noble & respectueux, marcher à côté gauche d'une Dame un peu en arriere, mais de façon à être toujours à portée de lier conversation; je dis à gauche, parce qu'étant obligé de lui donner la main vous ne pouvez honêtement lui présenter que la droite, & que de plus, si vous êtes d'épée la garde accrocheroit la robe en différentes circonstances & gêneroit dans la marche, si dans le cours de cette prome-

nade les Dames veulent se repo-
ser, & prenent séćance sur des
chaises ou un banc, vous diffé-
térez de vous asseoir pendant quelques instans, jusqu'à ce qu'enfin
les Dames soient placées com-
modément, & pour vous asseoir,
il faut ployer un peu les genoux
sans allonger le derriere, afin qu'é-
tant assis vous ayez le corps droit;
il ne faut jamais croiser ses genoux
l'un sur l'autre. Cela n'est permis
qu'entre égaux. Si vous êtes avec
des Mrs. plus âgez que vous, ou
qui vous soient supérieurs, il faut
prendre les mêmes précautions; si
vous êtes avec des jeunes gens de
votre rang & de votre âge, il ne
faut pas vous relâcher des bonnes
atitudes; quoique vous soyez en
liberté, & il faut vous contenir
décemment devant vos Précep-
teurs & Gouverneurs que vous
devés respecter; ils ont été choi-
sis pour votre éducation.

B iij

CHAPITRE SEPTIÉME.

Des atitudes qu'il faut tenir à table.

POUR être placé à table décemment, vous devés être assis sur le milieu de votre siége, tenir le corps droit, vous approcher fort près de la table, placer vos deux talons à une très-petite distance l'un de l'autre, vous tenir ferme des hanches, afin de ne pas laisser aller votre corps à droite ou à gauche, tourner la tête librement sans le corps, pour répondre à la conversation, être libre des mains pour en disposer. Si quelqu'un boit à votre santé, vous inclinerez la tête un peu en arrondissant le corps depuis l'estomac jusques au haut de la tête, en vous relevant vous lui porterez un coup d'œil gracieux.

CHAPITRE HUITIÉME.

De la manière de se présenter chez les Princes & Princesses du sang.

Si vous êtes introduit devant un Prince par l'un de ses Pages ou Gentilshommes, ou son premier Ecuyer, vous n'avez aucune Révérence à faire à celui qui vous présente ; aussi-tôt que le Prince portera la vue sur vous, vous réunirez les deux talons l'un auprès de l'autre, vous baisserez la tête plus que vous n'avez coutume & arrondirez moins le corps. Il faut que cette Révérence soit plus lente que toutes les autres ; après cette première, vous avancerez plus près pour en faire une seconde de la même façon, en observant, toujours à cette dernière qu'on

B iv

doit être une fois plus éloigné du Prince qu'on n'a coutume d'être à toutes les autres Révérences qu'on fait à d'autres personnes. S'il s'y trouve des Cardinaux, Archevêques, ou Evêques ou autres; il n'y a point de Révérence à faire pour ces Prélats, ni de Monseigneur en présence du Prince. Il n'est qu'un cas qui se rencontre rarement, où on ne pourroit se dispenser du Monseigneur, qui est celui de se trouver devant deux Princes; mais comme il est d'usage que lorsque deux Princes se rendent visite, toutes présentations ou audiences ne peuvent avoir lieu, on ne se trouve presque jamais dans ce cas.

Lorsque vous vous retirez, vous ferez les mêmes Révérences que vous avez faites en entrant, en marchant en arriere, & en observant les mêmes distances du Prin-

ce à vous, pour éviter le ridicule
qu'il y auroit en se tournant.

Si vous trouvez un Prince à la
chasse ou en d'autres endroits, il ne
faut pas attendre le moment qu'il
jette la vue sur vous pour vous
découvrir, ce seroit lui manquer.

CHAPITRE NEUVIÉME.

De la façon de préfenter quelque chofe, & celle de recevoir ce que l'on vous préfente.

ARTICLE PREMIER.

De la manieré de préfenter quelque chofe.

SI vous préfentez quelque chofe à une perfonne au-deffus de vous, vous l'aborderez à une diftance convenable pour faire la révérence en face, dont le principe eft expliqué ci-devant. Ce que vous préfentez doit être donné de la main droite. Il faut que cette main foit placée au-deffus de la ceinture, & avoir le coude tant soit peu ployé , l'éloigner de vous en l'approchant de la personne à laquelle vous présentez, & faire un petit mouvement de poignet presqu'imperceptible. Sitôt qu'elle aura reçu ce que vous présentez, vous ferez un second mouvement de poignet plus apparent que le premier , ensuite vous baisserez la main avec grace , vous marcherez en arriere quelques pas , vous réunirez les deux talons l'un contre l'autre , & baisserez la tête en faisant la révérence de même qu'en premier lieu. Si je prescris deux révérences, elles sont dûes aux Dames ou aux Grands ; dans les autres cas il n'en faut qu'une qui se fait devant ou après indifféremment.

ARTICLE SECOND.

De la façon de recevoir.

Si vous recevez quelque préfent d'une perfonne au-deſſus de vous, évitez avec ſoin la grande avidité qui eſt aſſez ordinaire aux jenes gens qui n'enviſagent que la poſſeſſion du préfent qu'on leur fait, ce qui leur attire avec raiſon des reproches de la part du Précepteur.

Pour éviter ce ridicule en ce moment flateur, il faut être occupé de l'action reconnoiſſante par un maintien ſuivi de la révérence en abordant avant de recevoir. Ayez toujours en ce moment un air gracieux. Tel que ſoit le préfent, il faut toujours le regarder comme précieux. Pour témoigner votre reconnoiſfance , marchez quelques pas en arriere , réuniffez enfuite vos deux talons , & terminez par une révérence.

S'il vous eft préfenté quelque chofe à autre titre que celui de préfent, vous déployerez gracieufement votre bras, & ferez un très-petit mouvement de poignet, vous prendrez la chofe préfentée, & reployant un peu le bras, vous ferez un fecond mouvement de poignet plus fenfible que le premier; vous ferez un pas en arriere, enfuite une révérence comme il eft dit ci-deffus.

CHAPITRE DIXIÉME.

Des atitudes & grimaces qu'il faut éviter.

Lorsque vous êtes de bout, il faut toujours être planté de pied

ferme en seconde Position ; ne
point porter son pied de travers
ni sur le côté. Si vous êtes assis
sur une chaise, ne point tenir le
pied en l'air en un mouvement
perpétuel, ni passer le bras par
derriere le dos de la chaise, ni
renverser sa chaise pour se balan-
cer; ne point tenir la bouche con-
tinuellement ouverte; ne point
faire palpiter ses paupieres; enfin
éviter toutes les grimaces qui
détruisent les graces naturelles
& ne laissent que du ridicule.

Fin de la premiére Partie.

SECONDE PARTIE.

CETTE Partie regarde principalement les Demoiselles qui doivent avoir dans toutes les occasions un maintien noble & modeste. Elles se doivent à elles-mémes des soins & des attentions pour seconder la nature & se procurer par des principes assurés, ce noble maintien qui leur fait rendre le respect qui leur est dû, & joint de vraies graces à leurs actions & à leurs mouvemens.

CHAPITRE PREMIER.

Du maintien de la tête.

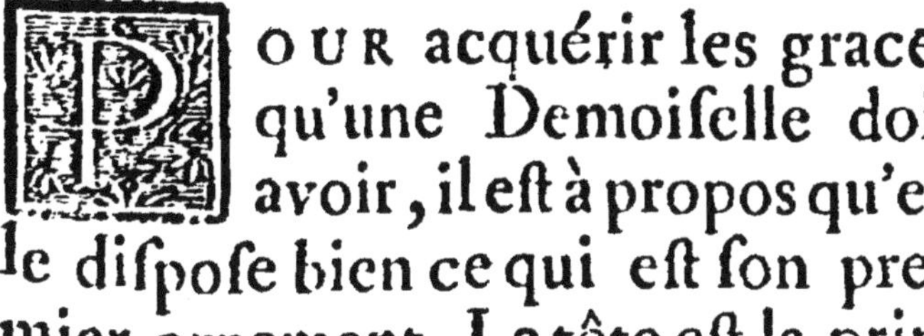

OUR acquérir les graces qu'une Demoiselle doit avoir, il est à propos qu'elle dispose bien ce qui est son premier ornement. La tête est la principale Partie ; il faut qu'elle foit droite & libre, qu'elle tourne avec grace, tant à droite qu'à gauche, ne la point baiſſer ni la porter trop haut, parce qu'une tête trop haute témoigne de la hardieſſe, & trop baiſſée montre de la timidité, & fait faire au col un courbe qui n'eſt point gracieux ; ainſi ces deux attitudes ſont ridicules, & ne conviennent nullement. Il faut toujours que le coup d'œil ſuive le mouvement de la tête, & ſoit modeſte & tranquile.

CHAPITRE SECOND.

De la Poſition des mains.

IL eſt d'uſage que les mains d'une Demoiſelle ſoient l'une dans l'autre, ou bien l'une ſur l'autre ; que les coudes ſoient placés à ſes côtés ſans être appuyés ; qu'il y ait un peu de jour entre le corps

& les bras, pour qu'on puiſſe diſtinguer la taille ; avoir les épaules un peu abaiſſées, ce qui fait
ſortir la poitrine. Si elle eſt mu-
nie d'un manchon, ſes mains fe-
ront l'une dans l'autre : ſi elles
étoient croiſées, les coudes ſe
trouveroient conſéquemment appuyés ſur les côtés, ce qui dé-
truiroit toute la grace de la taille.
Il ne faut pas non plus que les
mains ſoient ni trop hautes ni trop
baſſes. Le point milieu eſt la ceinture.

CHAPITRE TROISIÉME.

De la marche.

Pour qu'une Demoiſelle marche avec grace, elle doit porter
la pointe du pied baiſſée & les genoux fermes ſans roideur ; à chaque pas qu'elle fera, elle poſera
le pied ferme, de façon que ſon

corps soit porté sur chacun de ses pieds alternativement ; en exécutant ce principe de quatriéme Position, en quatriéme Position, la marche sera sûre & gracieuse, observant toujours de tenir la tête droite ainsi que le corps, sans être gênés;

Ce n'est pas assez de savoir marcher en avant, il est nécessaire de le savoir en arriere. Cette marche est utile à une Demoiselle, parce qu'elle en doit faire usage dans ses Révérences, comme je l'expliquerai ci-après. Pour exécuter cette marche, on porte alternativement ses pieds derriere soi, suivant le même principe cidessus, c'est-à-dire, que l'on porte l'un & l'autre de ses pieds de quatriéme Position, en quatriéme Position. Je ne doute pas que cette marche ne paroisse plus difficile que la marche ordinaire, mais l'exercice rendra tout beaucoup plus facile.

CHAPITRE QUATRIÉME.

*De la maniére de s'affeoir & de
fe lever.*

IL faut qu'une Demoifelle fache
fe placer fur un fiége avec grace.
Pour cet effet, elle s'approchera
du fauteuil qu'on lui préfentera,
elle placera fes deux talons vis-
à-vis l'un de l'autre à trois ou qua-
tre pouces de diftance ; elle pliera un peu les genoux au moment
de s'affeoir en baiffant les épaules
& en avançant fa poitrine, elle évi-
tera fur-tout le fond & le bord du
fauteuil, parce que l'atitude trop
au fond ou trop au bord du fauteuil, s'oppoferoit à la facilité de
fe relever, & même au bon Maintien de tout le corps ; elle laiffera
fes deux talons vis-à-vis l'un de
l'autre, & quand elle aura contrac-

té cette habitude, elle lui sera de plus en plus facile & gracieuse.

Pour se lever avec la même grace, il faut couler un peu les deux pieds sous soi en les approchant du fauteuil, pour prendre de la force, & éviter les apparences d'un mouvement trop marqué; en se préparant ainsi, il faut baisser également les épaules en avançant la poitrine, être ferme des hanches & se lever le corps ferme. Ceci exige beaucoup d'exercice avant la réussite.

Lorsqu'une Demoiselle est debout devant quelqu'un, elle doit placer ses deux talons vis-vis l'un de l'autre à une très-petite distance; le maintien du corps ci-devant expliqué, doit-être le même; si quelqu'un est à sa droite, elle placera le pied droit vers le milieu de la troisième à la quatrième Position, ce qui rendra l'habitude du corps très-libre.

Les graces naturelles ſont toujours incompatibles avec les mau-
vaiſes atitudes & Poſitions, c'eſt
ainſi qu'une Demoiſelle doit-être
placée ſur ſes jambes.

CHAPITRE CINQUIÉME.

De la façon de ſe tenir à table.

Je ne détaillerai pas ici les atitudes qu'une Demoiſelle doit tenir à table, parce qu'elle doit ſe
conformer à celles que j'ai expli-
quées pour les Meſſieurs dans la
première Partie, à l'exception
qu'elle ne doit pas baiſſer la tête
comme ils font; lorſqu'on boit à
ſa ſanté; elle inclinera un peu la
tête vers celui ou celle qui lui
ait cette politeſſe, d'un air gracieux, tel qu'une Demoiſelle doit
avoir.

CHAPITRE SIXIÉME.

'Des Révérences en paffant à la promenade.

LORSQU'UNE Demoifelle paf-
fera à côté de quelqu'un, foit à
la promenade, foit ailleurs, elle
marchera de pied ferme, la tête
bien foutenue, & les deux bras
placés comme il eft expliqué ci-
devant; elle préviendra d'un coup
d'œil gracieux ceux à qui elle
doit cette Révérence, fans attendre qu'on la prévienne, ce
qui annonceroit un air de fierté
qui n'eft pas ordinaire à une Demoifelle bien née. Elle obfervera
que la perfonne foit directement
à fes côtés pour faire cette Révérence; fi c'eft fur fa droite, le dernier pas marché, doit fe faire du
pied gauche & il fe dégage à la

seconde Pofition ; lorfqu'il fera pofé, elle affurera le poids du corps fur cette jambe, ce qui donnera de la facilité à approcher le pied droit auprès du gauche en le gliffant légérement, & commencer à ployer en gliffant le pied droit auprès de l'autre, & maintenir l'équilibre jufqu'à la réunion des deux talons, & alors le corps fe trouvera porté fur fes deux jambes, elle pliera vivement en plongeant cette Révérence & fe relevera avec lenteur. Elle n'héfitera pas de plonger fes Révérences fort bas, ce n'eft pas un défaut, rien n'eft plus commun parmi les Ecoliers que la fuppreffion de la foupleffe, & fans foupleffe, les Révérences font fort dures, ainfi le principal point de leur grace dépend de la foupleffe.

CHAPITRE SEPTIÉME.

De la Révérence en abordant.

IL faut marcher à la perſonne qu'on doit aborder juſqu'à une certaine diſtance, ſi c'eſt une perſonne titrée & ſupérieure ; & ſi c'eſt une parente ou une amie, vous approcherez un peu plus près, vous vous arrêterez en premiére Poſition, vous regarderez la perſonne d'un air gracieux, vous plongerez votre Révérence vivément, & vous releverez lentement. Vous obſerverez un petit intervalle de tems entre cette première Révérence & la ſeconde que vous ferez enſuite, vous dégagerés le pied droit en ſeconde Poſition plus perpendiculairement au moment de ſe plier, vous approcherez le pied gauche

légérement

légérement auprès du pied droit; observerez que votre corps soit porté en partie fur la jambe dégagée; n'attendez pas que le pied gauche foit réuni auprès de l'autre, pour plonger cette feconde Révérence, & relevez vous lentement avec grace.

CHAPITRE HUITIÉME.

De la Révérence pour prendre congé.

AU moment de prendre congé de celui ou celle en préfence de qui vous êtes, vous réunirez les deux talons & vous plongerez vivement votre Révérence, & étant relevée de cette premiére, vous dégagerez du côté que vous devez partir, & porterez le pied en feconde Pofition; vous ferez un coulé de l'autre pied très-légére-

C

ment, c'eſt-à-dire qu'il ſe doit couler juſqu'à ce qu'il ſoit paſſé devant l'autre pied preſqu'à la boucle, ce qui vous donnera de la facilité pour la marche que vous devez exécuter enſuite de cette Révérence.

CHAPITRE NEUVIÉME.

Des différentes Révérences en entrant dans des appartemens.

COMME il y a pluſieurs ſortes de Révérences pour entrer dans un appartement, il eſt néceſſaire de vous les diſtinguer.

Je commence par la plus facile & dont le cérémonial eſt fort aiſé à obſerver & à exécuter. Voici comme il s'y faut prendre. Après être annoncée, vous entrerez juſqu'au milieu de la piéce; s'il

s'y trouve quelques perſonnes
étrangéres, votre premiére Révérence doit toujours être pour votre amie à qui vous rendez viſite;
vous arrêterez en vous tournant
vers elle, vous approcherez le
pied qui ſe trouvera en arriere ou
de côté, & prendrez la premiére
Poſition pour faire votre premiére Révérence, parce que ſi vous
êtes obligée de tourner un quart
ou un tiers de tour pour vous mettre en préſence, l'un de vos pieds
ſe trouvera de côté, ſi au contraire
cette amie ſe trouve placée de
façon que vous puiſſiez arriver
directement en ſa préſence, le
pied étant porté en premiére Poſition, comme il eſt dit, vous
plongerez votre Révérence en
portant la vue ſur celle à qui vous
adreſſerez cette premiére.

En abordant plus près, vous dégagerez le pied droit en ſeconde
Poſition pour vous porter à gau-

che, en effaçant l'épaule avec grace du côté dont vous ferez celle-ci, ou vous approcherez légérement le pied gauche près du droit en plogeant comme il est ci-devant expliqué, de façon que si vous étiez obligée d'en faire une troisiéme, elle vous feroit fort aisée, puisqu'il ne feroit question que de dégager le pied opposé & vous porter du côté d'où vous feriez effacée, & la plonger de ce côté-là.

Si vous approchez cette amie pour l'embraſſer, vous ferez une Révérence auparavant, après cet embraſſement vous marcherez en arriere quelques pas, vous donnerez un coup de talon à votre robe, fans cependant faire aucun mouvement trop marqué, pour donner l'aifance à votre marche, enfuite vous ferez une feconde Révérence plus grave que la premiére,

Si on exige d'une Demoiselle une Révérence avant d'embraf-fer une Dame, & une seconde après l'avoir embrassée, c'est pre-miérement parce que les jeunes Demoiselles y sont obligées par devoir; secondement que ces Ré-vérences donnent de la grace & de l'agrément à cette cérémonie, & troisiémement parce qu'on en tire l'avantage que cela entretient la soupleffe des mouvemens & l'habitude de bien faire, de la-quelle il ne faut jamais s'écarter.

Les Révérences que vous fe-rez dans les Affemblées où vous serez admife, exigent de vous plus d'attention, parce que le cé-rémonial en est plus étendu que dans toutes celles ci-deffus expli-quées; ainfi j'exhorte les jeunes Demoifelles à redoubler leurs exercices & à s'y apliquer pour fe mettre à l'abri de la critique, pour éviter de fe trouver expofées à la

rifée d'une compagnie entiere ;
qui n'eft pas toujours indulgente,
& qui voit toujours avec peine
une perfonne qui fe préfente mal,
& fans avoir les talens convenables pour entrer en compagnie ;
pour éviter cette difgrace, pre-
nez un air gracieux en entrant
dans l'Affemblée, cherchez des
yeux la perfonne qui y doit tenir le premier rang, comme
maître ou maîtreffe, parce que
vous leur devez la premiére Révérence. Vous ferez enforte que
vos deux talons foient réunis pour
fatisfaire à cette premiére, qui
doit-être plongée plus bas que
celles qui fuccéderont. Sans avan-
cer dans la falle d'Affemblée,
prévenez par un coup d'œil gracieux en tournant la tête du côté
où vous défirez faire la feconde ;
fi vous décidez pour la droite,
vous dégagerez le pied gauche
en feconde Pofition, vous effa-

cerez l'épaule du côté que cette
seconde Révérence doit-être faite, ce qui vous rendra l'habitude du corps très-libre à pouvoir
passer en revue ceux ou celles qui
se trouveront de ce même côté
droit ; ce qui doit s'exécuter
en plongeant pour avoir lieu au
relevé de cette même Révérence, & que la vue revienne sur la
même trace avec la même lenteur
dont la Révérence doit-être relevée, ce qui terminera cette
Révérence de côté.

Pour exécuter la troisiéme Révérence, vous préviendrez également par un coup d'œil que
vous porterez à gauche, en tournant la tête pour prévenir ceux à
qui vous allez faire cette Révérence, vous dégagerez le pied
droit en seconde Position en effaçant l'épaule gauche comme vous
avez fait la droite à la précédente,
ce qui vous facilitera à pouvoir

ployer en approchant le pied gauche auprès du droit. Remarquez
que la Révérence se plonge du
même mouvement & en même-
tems de l'approche du pied le
tout ensemble ; gardez-vous bien
de vous arrêter aux mauvaises habitudes qui se contractent sans
principes ou par des principes va-
riables, & que la plûpart des Demoiselles se forgent d'elles-mê-
mes, qui est sur-tout d'approcher
le pied droit ou le gauche en premiére Position, en observant quelque fois une distance ; ensuite
elles plongent leur Révérence
tant bien que mal, & d'une non-
chalance qui ne leur fait pas hon-
neur ; vous observerez donc dans
cette Révérence la même attitude, le même maintien & le même coup d'œil que dans la précédente, marchez ensuite de pied
ferme, les mains placées comme
il est ci-devant expliqué ; traver-

fez la falle d'Assemblée pour aborder le maître ou la maîtresse, ou la personne qui tient le premier rang de l'Assemblée, & faites lui une Révérence particuliére. Elle doit-être faite fans interruption & exécutée de la même maniere que la Révérence en préfence, dont le principe vous eft déjà expliqué. Après toute cette cérémonie, avant de vous asseoir, s'il fe trouve quelque Dame de votre connoiffance particuliére, fans l'aborder, vous dégagerez de droit ou de gauche à pouvoir lui faire face, & lui ferez une Révérence particuliére. Si vous êtes obligée de tourner un quart ou un tiers de tour; n'oubliez pas d'approcher le pied qui a foutenu le corps en ployant comme il eft déjà expliqué. Après cette derniére Révérence, vous pouvez prendre féance fur un fiége de la maniére que je l'ai déjà dit.

C v

Ordinairement les Révérences qu'on doit faire pour se retirer sont moins embarassantes, puisque parmi les Grands, il est d'usage de se retirer sans en faire : mais comme il y a différens états, il y a aussi différens usages. Il est à propos que vous en soyez instruite, pour vous mettre en état de répondre à tout, suivant la bienséance. Je vais vous développer la Révérence que vous pouvez être obligée de faire en quittant cette Assemblée.

Vous commencerez par vous présenter à celui ou celle à qui vous avez fait la Révérence particuliére, en tenant l'attitude & l'alignement ordinaires ; vous plongerez votre Révérence premiére ; vous marcherez en arriere quelques pas pour en faire une seconde. Par cette distance vous témoignerez le respect dû à ceux à qui vous ferez ces Révérences. En vous tournant pour traverfer la piéce, vous vous acquitterez en faifant une Révérence à droite & l'autre à gauche. Elle s'exécute par le même principe que celles qui fe font en paffant à côté de quelqu'un. Si le maître ou maîtreffe de la maifon vous accompagne jufqu'à la porte, la politeffe vous oblige de lui faire une derniére Révérence en vous retournant vers lui. Ainfi finit ce grand appareil de Révérences que vous ferez obligée de faire lorfque vous ferez admife aux grandes Affemblées & Compagnies.

Il n'eft pas néceffaire que je dife qu'une Demoifelle doit fe comporter dans les Affemblées, dans les Promenades ou ailleurs, avec toute la décence & la modeftie que fon état & fa naiffance exigent. Les parties effentielles de fon éducation en formant fon caractére & fon cœur lui impriment auffi ce bel extérieur : mais je peux dire qu'il faut qu'elle mette en ufage, à propos & fans étourderie, les principes que j'ai tracé pour fon maintien, les attitudes & la maniére de faluer. Si par exemple dans une Promenade elle étoit obligée de faire deux Révérences précipitées, par la rencontre de deux perfonnes différentes, l'une à droite & l'autre à gauche, il faut néceffairement qu'elle s'arrête pour faire la premiére Révérence, parce qu'autrement la feconde ne pourroit avoir lieu, fur-tout fi ces Révérences font dues indifpenfablement à la qualité des perfonnes qu'on rencontre, qui dans ce cas n'ont pas coutume d'attendre la commodité de leur inférieure ; ainfi vous commencerez la premiére quelques pas avant que la personne soit à vos côtés, en jettant la vue dessus elle, & dégageant le pied opposé en approchant l'autre vous plongerez la Révérence, en observant le principe qui la fait faire avec grace ; & au moyen de ce que vous aurez fait la première d'avance, vous aurez l'avantage de faire la seconde en tournant la tête du côté où vous devez la faire.

Ainsi il faut qu'une Demoiselle sache distinguer toutes les espéces de Révérences, pour les faire à propos suivant les différentes occurrences.

Quelquesfois aux Promenades, il se fait des Révérences au cercle, mais elles sont fort faciles à exécuter. En abordant du cercle, les personnes de votre connoissance doivent-être préférées. Vous commencerez par les prévenir d'un coup d'œil du côté où elles se trouveront, vous dégagerez le pied opposé pour approcher l'autre en ployant, & vous effacerez en même-tems l'épaule de ce même côté où vous ferez cette première Révérence. Pour la seconde, vous préviendrez d'un coup d'œil en tournant de ce côté, & dégagerez l'autre pied en passant en revue la moitié du cercle comme vous aurez fait à la première. On ne doit point faire de Révérence particuliére dans aucun cercle de Promenade, à moins qu'il ne s'y trouve quelque personne de grande distinction par laquelle il faudroit, en ce cas, commencer.

Observations sur la façon de ployer les genoux.

Lorsqu'on fait la Révérence en abordant, on est sensé avoir les genoux tendus & les deux talons réunis. Si on est obligé de

redoubler la Révérence, après
avoir fait celle en abordant, il ne
faut pas que cette seconde soit
semblable à la premiére ; on dégage un des pieds en seconde Position & on ploye le genouil de la
jambe qui se glisse derriere l'autre ; c'est ce qui facilite l'arron-
dissement du corps, en faisant la
Révérence, parce qu'il est main-
tenu dans son équilibre sur la jambe qui reste ferme & tendue, lorsque ce ployé est fait à propos ; s'il
n'est point fait à propos, le corps
se baisse, mais il ne s'arrondit pas.
Si on ploye trop, cela occasionne
à faire pousser la hanche, & il
est essentiel pour le faire en tems
& lieu dans toutes les Révérences où on est obligé de passer un
pied derriere l'autre, de préparer
& lever le cou-de-pied, le glis-
sant jusqu'à l'approche du talon
de l'autre jambe, où on com-
mencera à ployer, jusqu'à ce que

le pied foit arrivé en troifiéme
Pofition, où le corps doit fe relever avec grace, en lachant un
des pieds légérement en quatriéme Pofition.

Obfervations fur la marche.

Lorfqu'on eft plufieurs à la Pro-
nade, & qu'on en joint encore
d'autres, on doit pour rendre la
marche réguliére, marcher fur
une ligne droite.

Il faut néceffairement remar-
quer de quel pied marche celui
ou celle qui eft à côté de vous,
s'il marche du pied droit, vous
devez marcher du pied gauche.
Cette régularité femble être difi-
cile, ou laiffer appercevoir de la
fujeffion ; cependant elle eft très-
facile à mettre en exécution, parce
que d'un coup d'œil, on a bien-
tôt obfervé de quel pied part la
perfonne qui eft à côté de foi. On

doit-être aussi planté sur ses jambes en quatriéme Position, lorsqu'on est à côté de quelqu'un. Par la même raison, il faut marcher du pied opposé lorsqu'on se promene, soit dans un appartement soit ailleurs, vû que si on s'arrête, on doit se trouver dans une posture noble, c'est-à-dire, que celui qui aura la droite en s'arrêtant se trouve placé en quatriéme Position du pied gauche, & celui qui aura la gauche, se trouve en pareille Position du pied droit.

J'espere que ces réflexions rappelleront à la Jeunesse ce qu'elle aura cessé d'apprendre, elles instruiront aussi ceux qui voudront savoir les principes, & si la mémoire ne fournit pas aux jeunes Personnes qui prennent des leçons journellement, ce petit Traité leur rappellera sur le champ le principe que leur Maître viendra de leur enseigner.

Je ne dis rien au sujet des très-humbles, très-respectueuses & très-profondes Révérences qui se font à Sa Sainteté, aux Empereurs, aux Rois, &c. Dans les cas d'Audiences publiques ou particuliéres, les personnes qui sont admises en présence, sont en petit nombre, & on les instruit particuliérement de la maniére & de l'étiquette de chaque Empire & de chaque Nation ; c'est l'Ouvrage des Maîtres des Cérémonies.

Fin de la seconde & derniere Partie.

A P P R O B A T I O N.

J'Ai lû par ordre de Monseigneur le Chancelier, un Manuscrit intitulé : *Traité du maintien du Corps, &c.* & je n'y ai rien trouvé qui puisse en empêcher l'impression. Fait à A Paris, ce 18 Mai 1760.

Signé L. A. NICOLLE DE LACROIX.

PRIVILEGE DU ROI.

LOUIS PAR LA GRACE DE DIEU, ROI DE FRANCE ET DE NAVARRE. A Nos amés & féaux Conseillers, les Gens tenant nos Cours de Parlement, Maîtres des Requêtes ordinaires de notre Hôtel, Grand-Conseil, Prévôt de Paris, Baillifs, Sénéchaux, leurs Lieutenans Civils & autres nos Justiciers qu'il appartiendra ; SALUT, notre amée, *le Sieur Chevalier de Londeau*, Nous a fait exposer qu'il désireroit faire imprimer & donner au Public un Ouvrage qui a pour titre : *Traité du Maintien du Corps* : S'il nous plaisoit lui accorder nos Lettres de Permission pour ce nécessaires. A CES CAUSES, voulant favorablement traiter l'Exposant, Nous lui avons permis & permettons par ces présentes, de faire imprimer son Ouvrage autant de fois que bon lui semblera, & de le faire vendre & débiter partout notre Royaume pendant le tems de *trois* années consécutives, à compter du jour de la date des présentes. FAISONS défenses à tous Imprimeurs, Libraires & autres personnes de quelque qualité & condition qu'elles soient d'en introduire d'impression étrangere dans aucun lieu de notre obéissance. A la charge que ces présentes seront enregistrées tout au long sur le Registre de la Communauté des Imprimeurs & Libraires de Paris dans trois mois de la date d'icelles, que l'impression dudit Ouvrage sera faite dans notre Royaume & non ailleurs, en bon papier & beaux caracteres, conformement à la feuille imprimée atta-

chée pour m. 'el , sous le contre - scel des
présentes , que l'Impétrant se conformera
en tout aux Reglemens de la Librairie , &
notamment à celui du 10 Avril 1725 , qu'a-
vant de l'exposer en vente , le Manuscrit qui
aura servi de copie à l'impression dudit Ouvrage sera remis dans le même état où l'approbation y aura été donnée , ès-mains de
notre très-cher & féal Chevalier, Chancelier de France , le Sieur DE LA MOIGNON,
& qu'il en sera ensuite remis deux exem-
plaires dans notre Bibliothéque publique,
un dans celle de notre Château du Louvre,
& un dans celle de notre très - cher & féal
Chevalier Chancelier de France le Sieur DE
LA MOIGNON : le tout à peine de nullité des
présentes. DU CONTENU desquels vous Man-
dons & enjoignons de faire jouir ledit Exposant & ses ayans causes pleinement &
paisiblement , sans souffrir qu'il leur soit fait
aucun trouble ou empêchement. VOULONS
qu'à la copie des présentes qui sera imprimée tout au long au commencement ou à la
fin dudit Ouvrage , foi soit ajoutée comme
à l'original. COMMANDONS au premier notre
Huissier ou Sergent , sur ce requis , de faire
pour l'exécution d'icelles, tous actes requis &
nécessaires , sans demander autre permission,
& nonobstant clameur de Haro, Charte Nor-
mande & Lettres à ce contraires. CAR tel est
notre plaisir : Donné à Versailles le sei-
ziéme jour du mois de Septembre, l'an de
grace mil sept cent soixante , & de notre
Regne le quarante-cinquiéme. Par le ROI
en son Conseil.

LE BEGUE.